रंग

अंजली तोमर

Copyright © Anjali Tomar 2023
All Rights Reserved.

ISBN

Paperback 979-8-89026-833-4
Hardcase 979-8-89066-833-2

This book has been published with all efforts taken to make the material error-free after the consent of the author. However, the author and the publisher do not assume and hereby disclaim any liability to any party for any loss, damage, or disruption caused by errors or omissions, whether such errors or omissions result from negligence, accident, or any other cause.

While every effort has been made to avoid any mistake or omission, this publication is being sold on the condition and understanding that neither the author nor the publishers or printers would be liable in any manner to any person by reason of any mistake or omission in this publication or for any action taken or omitted to be taken or advice rendered or accepted on the basis of this work. For any defect in printing or binding the publishers will be liable only to replace the defective copy by another copy of this work then available.

प्रस्तावना

है रौशनी ये कैसी, जो इतनी काली है,
भरी सड़के बताती है, घर कितने खाली है!

कविता, शायरी, ग़ज़ल अभिव्यक्ति का वो तरीका है जिस से हम उन चीज़ो को बयान कर सकते है जो आम लोग नजरअंदाज कर देते है| हर वक़्त,हर मुकाम हमे कई सारे पहलू दिखाता है और ये हम पर निर्भर करता है की हम क्या देखना चाहते है|

एक लेखक का काम होता है उन पहलूओ को पिरो कर लिखना जो दुनिया की नजरे नहीं देख पाती और जो लाज़मी से परे हो|

रंग, मेरे दिल के बहुत करीब है| अपनी रोज़मर्रा की जिंदगी में जितना भी कुछ देखा है और सीखा है, उसे कागज़ पर उतारने की मेरी ईमानदार कोशिश है| ये एक गरीब के बारे में, ये एक अमीर के बारे में, ये एक बच्चे के बारे में है, ये एक बूढ़े के बारे में है, ये एक बेरोज़गार के बारे में है, ये एक दफ्तर के बारे में है, ये सबके बारे में है क्यूंकि ये जिंदगी के बारे में है|

मै शुक्रगुज़ार हूँ मेरे माता-पिता, भाई, शिक्षकों और दोस्तों का जिन्होंने मुझे प्रोत्साहन दिया| शायरी इंसान के व्यक्तित्व को निखारती है| इस किताब के माध्यम से, मै ये सब से कहना चाहूँगी की कला में ही ताकत है पूरे संसार को जोड़ने की!!!

रंग एक कोशिश है, जिंदगी के अलग अलग पहलूओ को साथ में लाने की|

क्यूंकि हर रंग जरुरी है तस्वीर पूरी करने के लिए!

कैसे इस भरोसे, उम्मीद में रहती है माँ,
सब बुरा होने पर भी कहती है माँ,
बेटा, सब अच्छा होगा!

Kaise is bharose, umeed me rehti hai maa,

Sab bura hone par bhi kehti hai maa,

Beta, sab acha hoga!

है रौशनी ये कैसी, जो इतनी काली है,
भरी सड़के बताती है, घर कितने खाली है!

खूबसूरती ऐसी जो दिल को सुकून दे,
रात भर जगाए, वो चाँदनी अच्छी नहीं!

तूँ ना हो,
और मैं अच्छी दिखूँ
तो बुरा लगता है!

Hai roshni ye kaisi, jo itni kaali hai,
Bhari sadke batati hai, ghar kitne khali hai!

Khubsoorti aisi jo dil ko sukoon de,
Raat bhar jagaye, wo chandni acchi nahi!

Tu naa ho,
Aur mai achi dikhun,
To bura lagta hai!

है कई डर बसे, इसके हर कोने में,
खाली बैठो तो, ये दिल भरा लगता है!

गम इस बात का, की इस बात का कोई गम नहीं है,
बाहर से जो सबको हमसा दिख रहा, वो हम नहीं है!

कागज़ का होकर भी,
ये नोट सबसे भारी होता है!

Hai kai dar base iske har kone me,
Khali baitho to, ye dil bhara lagta hai!

Gam is baat ka; ki is baat ka koi gam nahi hai,
Bahar se jo sabko humsa dikh raha, wo hum nahi hai!

Kaagaz ka hokar bhi,
Ye note sabse bhari hota hai!

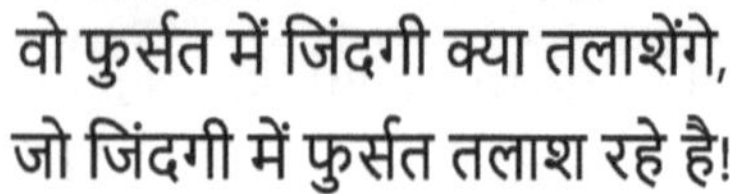

वो फुर्सत में जिंदगी क्या तलाशेंगे,
जो जिंदगी में फुर्सत तलाश रहे है!

है कितनी खूबसूरत पहाड़ की चोटी,
क्या जाने जो नीचे ठहर जाते है!

कभी इमली खा कर भी,
खुश हो जाते थे,
ढूँढ रहें है जो बाजार में अब,
महँगी खुशियाँ!

Wo fursat me zindagi kya talaashenge,
Jo zindagi me fursat talaash rahe hai!

Hai kitni khubsoorat pahaad ki choti,
Kya jaane jo neeche thehar jaate hai!

Kabhi imli kha kar bhi,
Khush ho jate the,
Dhudh rahe hai jo bazaar me ab,
Mehengi khushiyan!

बड़ी इमारतों में,
महँगी गाड़ियों में,
देखे है मैंने लोग गरीब,
बेहद गरीब,
सुकून के मामले में!

Badi Imarato me,

Mehengi gadiyo me,

Dekhe hai maine log gareeb,

Behad gareeb,

Sukoon ke maamle me!

अजीब कश्मकश में जिंदगी थी उसकी,
जितना ऊपर, उतना ही नीचे गड रहा था,
हर जंग फतह कर के भी कुछ उदास है,
तलाशता है उन्हें जिनके लिए लड़ रहा था!

Ajeeb kashmakash me jindagi thi uski,

Jitna upar, utna hi neeche gad raha tha,

Har jang fateh kar ke bhi kuch udaas hai,

Talaashta hai unhe, jinke liye lad raha tha!

दिलों में और घरों में,
देखा है आजकल,
इंसानो से ज्यादा जगह,
चीज़ें ले रही है!

खाली रह गया है कुछ तो अंदर उसके,
समेट रहा है वो दो जहां आजकल!

शौक भी आजकल लोग,
बड़े लाज़वाब रखते है,
शक्कर डालने से डरते है,
फ़िक्रे बेहिसाब रखते है!

Dilo mein aur gharo mein,

Dekha hai aajkal,

Insano se jyada jagah,

Chize le rahin hai!

Khaali reh gaya hai kuch to andar uske,

Samet raha hai wo do jahaan aajkal!

Shauk bhi aajkal log,

Bade laajawab rakhte hai,

Shakkar dalne se darte hai,

Fikre behisaab rakhte hai!

दौलत की आवाज़ अगर,
इतनी ऊँची होती है,
तो ये बड़े घरों में अक्सर,
सन्नाटा क्यूँ होता है!

ना रास्ते की तसल्ली,
ना मंजिल का सुकून है,
तो कहाँ पहुंचने का,
ये सारा जुनून है!

कोई मसला ना हो जिंदगी में,
ये भी काफी बड़ा मसला है!

Daulat ki aawaz agar,

Itni unchi hoti hai,

To ye bade gharo me aksar,

Sannata kyun hota hai!

Na raaste ki tasalli,

Na manzil ka sukoon hai,

To kaha pahuchne ka,

Ye sara zunoon hai!

Koi masla na ho zindagi me,

Ye bhi kafi bada masla hai!

मुस्कुरा कर अब हर पल को,
दिलकश समझ लेते है,
खुद को जोकर, दुनिया को,
सर्कस समझ लेते है!

मेरी कहानी सुनने आए हो?
अपनी कहानी भुला कर आना!

इन अंधेरो में उजाले बुनेगा कौन,
अगर सब कहेंगे तो सुनेगा कौन!

Muskura kar ab har pal ko,

Dilkash samajh lete hai.

Khud ko joker,duniya ko,

Circus samajh lete hai!

Meri kahani sun ne aye ho?

Apni kahani bhula kar aana!

In andhero me uzaale bunega kaun,

Agar sab kahenge to sunega kaun!

उसकी अच्छाई की क्या सीमा होगी,
जो हर शख़्स में अच्छा देखे!

यहाँ हर फैसला, ख़ुशी के लिए नहीं होता,
कई फैसले शांति के लिए किए जाते है!

काम तलाशता है श्मशान आजकल,
जलाता है ज़िंदा जहान आजकल!

Uski acchai ki kya seema hogi,
Jo har shakhs me accha dekhe!

❀

Yahaan har faisala khushi ke liye nahin hota,
Kai faisle shanti ke liye kiye jaate hai!

Kaam talashta hai shamshaan aajkal,
Jalata hai jinda jahaan aajkal!

कभी खुद के लिए संवर कर देखिए,
इश्क़ खुद से भी कर के देखिए!

उसके बारे में लिखते लिखते जाना,
खुद के बारे में लिखे ज़माना हो गया!

तारीफ सुननी हो अगर उम्र भर,
खुद को चाहने वाली,
नज़रे होनी चाहिए!

Kabhi khud ke liye sanwar kar dekhiye,
Ishq khud se bhi kar ke dekhiye!

Uske bare me likhte likhte jaana,
Khud ke bare me likhe jamana ho gaya!

Tareef sunni ho agar umr bhar,
Khud ko chahne waali,
Nazre honi chahiye!

है सही हर कोई अपनी जगह,
जब समझने के अहसास से देखा,

है कमाल आँखों का खुलना भी,
किसी की आखिरी सांस में देखा!

नजरे छुपाता फिर रहा हर शख्स,
जैसे छुपा सबके अंदर, ही कोई चोर है,

दर्द होगा किसीको दर्द देंगे तो,
है बंधे जिससे सब, एक ही तो डोर है!

Hai sahi har koi apni jagah,
Jab samajhne ke ahsaas se dekha,

Hai kamaal ankho ka Khulna bhi,
Kisi ki akhiri saas me dekha!

Najre chupata phir raha har shakhs,
Jaise chupa sabke andar, hi koi chor hai,

Dard hoga kisiko dard denge to,
Hai bandhe jis se sab, ek hi to dor hai!

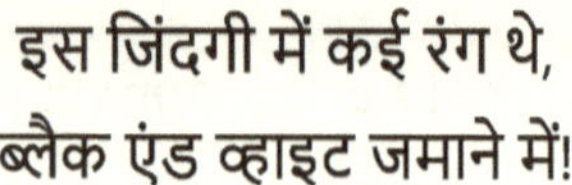

इस जिंदगी में कई रंग थे,
ब्लैक एंड व्हाइट जमाने में!

अफ़सोस की मै कम और दुनिया थी काफी ज्यादा,
मैंने जब भी अपनी फ़िक्रों की किताब निकाली है!

जिंदगी के साथ हम बहना सीख जाएँगे
गर जहाँ है वहीं पर रहना सीख जाएँगे!

Is jindagi me kai rang the,
Black and white jamane me!

Afsos ki mai kam aur duniya thi kafi jyada,
Maine jab bhi apni fikro ki kitab nikali hai!

Jindagi ke sath hum behna seekh jayenge,
gar jahan hai wahi par rehna seekh jayenge!

चुप कराकर दिल को,
किस बुलंदी की ओर निकल रहा है,
दुनिया की राह चल कर भी,
बस काम ही तो चल रहा है!

आज फिर मंच पर, गया नहीं कातिल,
इसके हाथों रोज एक कलाकार मरता है!

उम्र भर चलने वाले इन रस्मो रिवाज़ों में,
एक रस्म खुश रहने की भी होनी चाहिए!

Chup karakar dil ko,
Kis bulandi ki or nikal raha hai,
Duniya ki raah chal kar bhi,
Bas kaam hi to chal raha hai!

Aaj phir manch par gaya nahi kaatil,
Iske hathon roj ek kalakar marta hai!

Umr bhar chalne waale in rasmo riwazon me,
Ek rasm khush rehne ki bhi honi chahiye!

सुना है सोचते रहते है सब हर वक़्त ये,
की कैसे सोचना छोड़ दें तेरे बारे में!

चूमते है उसका माथा, लड़ने के बाद भी,
इश्क़ में जनाब, नाराज़गी क्या चीज़ है!

पढ़ कर उसके नाम की शायरी,
इश्क़ उसको भी हो गया खुद से!

Suna hai sochte rehte hai sab har waqt ye,
Ki kaise sochna chod de tere bare me!

Chumte hai uska matha ladne ke baad bhi,
Ishq me janab, narazgi kya cheez hai!

Padh kar uske naam ki shayri,
Ishq usko bhi ho gaya khud se!

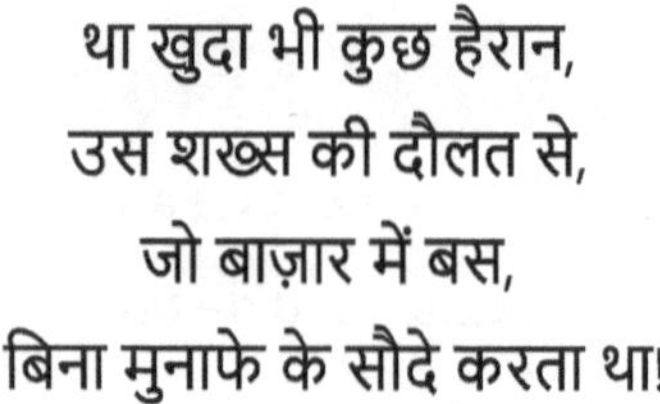

था खुदा भी कुछ हैरान,
उस शख्स की दौलत से,
जो बाज़ार में बस,
बिना मुनाफे के सौदे करता था!

दिल साफ़ हो तो फिर इतना साफ़ हो,
बिना माफ़ी मांगे भी हर कोई माफ़ हो!

हो अमीर तुम दुनिया में सबसे ज्यादा,
कोई दिल से तुम्हारा हाल पूछता है तो!

Tha khuda bhi kuch hairan,
Us shakhs ki daulat se,
Jo bazaar me bas,
Bina munafe ke saude karta tha!

Dil saaf ho to phir itna saaf ho,
Bina maafi mange bhi har koi maaf ho!

Ho ameer tum duniya me sabse jyada,
Koi dil se tumhara haal puchta hai to!

अब उस पंछी को आज़ाद, करे भी तो कैसे,
अंदर से एक ताला, उसने भी लगा लिया है!

था मेरा घर भी झूटी बस्ती में,
तो खुद पर शक भी लाज़मी था!

एक नया दर्द ही अक्सर,
पुराने दर्द का,
इलाज़ होता है!

Ab us panchi ko aazaad kare bhi to kaise,
Andar se ek taala usne bhi laga liya hai!

Tha mera ghar bhi jhooti basti me,
To khud par shak bhi lazmi tha!

Ek naya dard hi aksar,
Purane dard ka,
Ilaz hota hai!

आज इंकार की कोई, गुंजाईश नहीं है,
गुलाब मुस्कुरा कर उसने,
खुद को दिया है!

Aaz inkar ki koi, gunjaish nahi hai,

Gulaab muskura kar usne,

Khud ko diya hai!

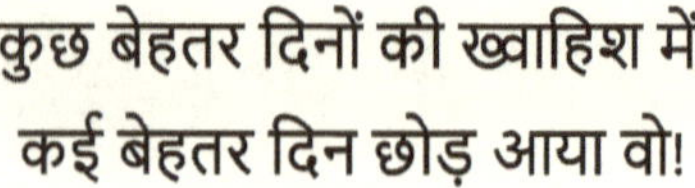

कुछ बेहतर दिनों की ख्वाहिश में,
कई बेहतर दिन छोड़ आया वो!

हर बात का मतलब ढूँढ़ते थे,
अब मतलब की बातें ढूँढ़ते है!

फर्क ज्यादा पड़ चुका हो,
तो फिर फर्क नहीं पड़ता!

Kuch behtar dino ki khwaish me,
Kai behtar din chod aaya wo!

❁

Har baat ka matlab dhudhte the,
Ab matlab ki batein dhudhte hai!

Fark jyada pad chuka ho to,
Phir fark nahi padta!

यहीं सोच कर कहीं, अँधेरे में दिया जला देते है,
की इतनी रौशनी मेरे घर में,
बेवजह तो नहीं!

Yahi soch kar kahin, andhere me diya jala dete hai,

Ki itni roshni mere ghar mein,

Bewajah to nahin!

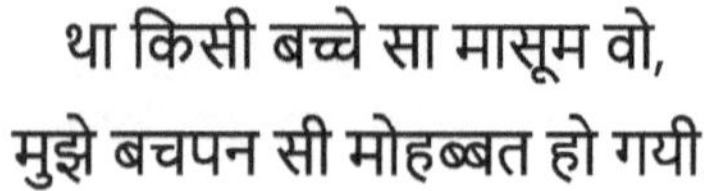

था किसी बच्चे सा मासूम वो,
मुझे बचपन सी मोहब्बत हो गयी!

गले लगकर जो वो, अभी गया है,
क्या बताएं क्या रहा, क्या गया है!

एक उम्र भर एक शख़्स पर लिखना,
मोहब्बत करो तो किसी शायर जैसी!

Tha kisi bacche sa masoom wo,
Mujhe bachpan si mohabbat ho gayi!

Gale lagkar jo wo abhi gaya hai,
Kya bataye kya raha kya gaya hai!

Ek umr bhar ek shakhs par likhna,
Mohabbat karo to kisi shayar jaisi!

दिखावे की महफ़िल में,
मुझे सच्चा रहना अच्छा लगा,
बड़े हो गए सब,
मुझे बच्चा रहना अच्छा लगा!

Dikhawe ki mehfil me,

Mujhe saccha rehna accha laga,

Bade ho gaye sab,

Mujhe baccha rehna accha laga!

वो इंतजार भी हसीन है,
जो तेरे आने पर ख़त्म हो!

अरसो से किसी को,
ख्वाब में रखा है,
एक मुझाया हुआ फूल उसने,
किताब में रखा है!

तुझे बेवफा भी कैसे कह दूँ,
मेरे इश्क़ पर सवाल उठ जाएँगें!

Wo intjar bhi haseen hai,
Jo tere aane par khatam ho!

Arso se kisi ko,
Khwab me rakha hai,
Ek murjhaya hua phool usne,
Kitaab me rakha hai!

Tujhe bewafa bhi kaise keh du,
Mere ishq par sawal uth jayenge!

कहानी जिंदगी की एक मोड़ पर,
कहाँ रहती है उम्र भर,
आगे बढ़ने के लिए अक्सर,
पन्ने पलटने पड़ते है!

Kahani jindagi ki ek modh par,

Kahan rehti hai umr bhar,

Aagey badhne ke liye aksar,

Panne palatne padte hai!

वक़्त खुद के लिए खो कर,
क्या पा रहे है,
दवाइयाँ खरीदने के,
पैसे कमा रहे है!

हम तरक्की के ये कैसे कहर में है,
परिवार के चार लोग चार घर में है!

ना जाने कितनी आवाज़ें छुपाता,
एक शोर सा है इस शहर में!

Waqt khud ke liye kho kar,

Kya paa rahe hai,

Dawaiyan kharidne ke,

Paise kama rahe hai!

Hum tarakki ke ye kaise kehar me hai,

Pariwar ke char log char ghar me hai!

Na jaane kitni awazein chupata,

Hai ek shor sa is shehar me!

हम जिंदगी कहीं और,
जाया ना करते,
अगर दिल और पेट,
एक चीज़ से भरते!

Hum zindagi kahi aur,

Zaya naa karte,

Agar dil aur pet,

Ek cheez se bharte!

हार भी हो तो ढलते सूरज सी,
की खूबसूरती देखने,
हज़ार लोग आए!

सारे चेहरों का अपने बाज़ार लगाया,
खुद का चेहरा ही पहचान ना पाया!

तेज़ रफ़्तार पर जिंदगी के,
पहरे नहीं तो क्या,
पहाड़ की चोटी पर जाके,
ठहरे नहीं तो क्या!

Haar bhi ho to dhalte suraj si,

Ki khubsoorti dekhne,

Hazar log aaye!

Saare chehro ka apne bazar lagaya,

Apna chehra hi pehchaan na paya!

Tez raftar par jindagi ki,

Pehre nahi to kya,

Pahad ki choti par jaakar,

Thehre nahi to kya!

यूँ भागता खुद से,
फिर रहा क्यूँ है,
राज़ खुद से भी कोई,
छुपाया है क्या!

Yun bhagta khud se,

Phir raha kyun hai,

Raaz khud se bhi koi,

Chupaya hai kya!

अगर खुश होने के लिए तुम्हे,
कुछ नहीं चाहिए,
तो खुश हो तुम!

रहेगी हमेशा तो जिंदगी भी नहीं,
तो मोहब्बत से शिकायत कैसी!

आज़ादी क्या है,
अगले पल की,
परवाह ना होना!

Agar khush hone ke liye tumhe,

Kuch nahi chahiye,

To khush ho tum!

Rahegi hamesha to jindagi bhi nahi,

To mohabbat se shikayat kaisi!

Aazadi kya hai,

Agle pal ki,

Parwah naa hona!

दिल को साफ़ रखो,
ये झूट कोई कह गया,
कीमत लगी थी चेहरे की
मै पीछे रह गया!

Dil ko saaf rakho,

Ye jhoot koi keh gaya,

Keemat lagi thi chehre ki,

Mai peeche reh gaya!

दिल कहाँ भरेगा उस चीज़ से,
जो दिल को चाहिए ही नहीं!

लोग बहुत दूर तक जाने में,
अक्सर बहुत दूर चले जाते है!

है धुआँ सा बुझाई ख्वाहिशो का जहन में,
एक सिगरेट मेरे अंदर सुलगती है!

Dil kahan bharega us cheez se,
Jo dil ko chahiye hi nahi!

Log bahot dur tak jaane me,
Akasar bahot dur chale jate hai!

Hai dhuaan sa bujhayi khwahisho ka jehan me,
Ek cigarette mere andar sulagti hai!

वो रोज़ दौड़ने में,
पीछे रहने वाली,
एक चिड़िया है;
जो उड़ना चाहती है!

Wo roz daudne me,

Peeche rehne waali,

Ek chidiya hai;

Jo udna chahti hai!

सुकून समझने आए हो?
सुकून समझ के पार होता है!

खुद की जंग यहाँ,
खुद से और खुद से ही,
लड़नी पड़ती है!

मैंने महंगे कपड़ो में,
उदास आँखे देखी है!

Sukoon samajhne aaye ho,
Sukoon samajh ke paar hota hai!

Khud ki jang yahan,
Khud se aur khud se hi,
Ladni padti hai!

Maine mehenge kapdo me,
Udas ankhe dekhi hai!

पुरानी तस्वीरो को देखते देखते,
नम हो जाती है आँखे,
अपनी ही याद में!

Purani tasveero ko dekhte dekhte,

Nam ho jaati hai ankhe,

Apni hi yad me!

पेट भरने से बड़ी लाचारियाँ नहीं होती,
गरीब को महँगी बीमारियाँ नहीं होती!

कोई समझने वाला ढूढ़ने निकले थे,
लोग आए और समझा के चले गए!

ना दौलत ना शोहरत की चाहत है उसे,
काम उसने आज पूरे दिल से किया है!

Pet bharne se badi laachaariya nahi hoti,
Gareeb ko mehengi bimaariya nahi hoti!

Koi samajhne wala dhudhne nikle the,
Log aaye aur samjha ke chale gaye!

Naa daulat aur shohrat ki chahat hai use,
Kaam usne aaj poore dil se kiya hai!

आज गुलाब तोड़े नहीं,
बस उन्हें पानी दिया है,
माँ कहती है मोहब्बत करना,
मैंने सीख लिया है!

Aaz gulaab tode nahin,

Bas unhe paani diya hai,

Maa kehti hai mohabbat karna,

Maine seekh liya hai!

उसे भूलना तो चाहते है,
पर वो ना भूले हमे,
ये दुआ करते हुए!

नहीं दिखती चेहरे पर,
किसी की मजबूरी,
खुश दिखना एक बात है,
खुश होना दूसरी!

समझौता जरुरी नहीं है जिंदगी में,
पर लड़ने की हिम्मत है तो बताओ!

Use bhulna to chahte hai,

Par wo na bhule hame,

Ye dua karte hue!

Nahin dikhti chehre par,

Kisi ki majboori,

Khush dikhna ek baat hai,

Khush hona doosri!

Samjhauta jaruri nahi hai jindagi mein,

Par ladne ki himmat hai to batao!

समझ जातें है सब,
जब समझ जाते है ये,
की समझने को यहाँ पर,
कुछ भी नहीं!

Samajh jate hai sab,

Jab samajh jate hai ye,

Ki samajhne ko yahan par,

Kuch bhi nahin!

खुद की महफ़िल में भी,
वो सबसे बाद आया,
खाली वक़्त में भी उसको,
दफ्तर याद आया!

बुरा वक़्त हटा देता है सबका नकाब,
सहूलियत को प्यार मत कहिए जनाब!

कौन कहता है लोग,
रहने का ठिकाना चाहते है,
यहाँ जिनके घर है,
वो तो बाहर जाना चाहते है!

Khud ki mehfil me bhi,

Wo sabse baad aaya,

Khaali waqt me bhi usko,

Daftar yaad aya!

Bura waqt hata deta hai sabka nakaab,

Sahuliyat ko pyaar mat kahiye janab!

Kaun kehta hai log,

Rehne ka thikana chahte hai,

Yahan jinke ghar hai,

Wo to bahar jaana chahte hai!

क्या बिगाड़ेगा उसका,
कोई कुछ बताइए,
जिसे इस दुनिया से,
कुछ भी नहीं चाहिए!

Kya bigadega uska,

Koi kuch bataiye,

Jise is duniya se,

Kuch bhi nahi chahiye!

जिंदगी के महंगे गम नहीं झेलना है,
चैन से मुझे बस, मिट्टी में खेलना है!

चुप रहकर सबकी जिंदगी में,
एक शोर सा मचा रहा है,
मिट्टी के इंसानो को,
कागज़ का टुकड़ा नचा रहा है!

खोया सा रहता था, एक शख़्स अक्सर,
ख्वाबो की दौलत में,वो काफी अमीर था !

Jindagi ke mehenge gam nahi jhelna hai,
Chain se mujhe bas, mitti me khelna hai!

Chup rehkar sabki jindagi me,
Ek shor sa macha raha hai,
Mitti ke insaano ko,
Kaagaz ka tukda nacha raha hai!

Khoya sa rehta tha ek shakhs aksar,
Khwabo ki daulat me wo kafi ameer tha!

रोज़ चल कर भी वो शख़्स,
आगे नहीं बढ़ रहा था,
शायद किसी और की दिखाई,
सीढ़ियाँ चढ़ रहा था!

Roz chal kar bhi wo shakhs,

Aagey nahi badh raha tha,

Shayad kisi aur ki dikhai,

Sidhiya chadh raha tha!

कब तक भागोगे यूँही, जिंदगी से जनाब,

नशे कैसे भी हो, कुछ दिन में,

उतर जाते है!

Kab tak bhagoge yunhi, jindagi se janab,

Nashe kaise bhi ho,kuch din me,

Utar jaate hai!

ना जीत की परवाह है उसे,
ना किसी हार का गम,
खेल से बाहर आते ही,
वो सारा खेल समझ गया!

Naa jeet ki parwah hai use,

Naa kisi haar ka gam,

Khel se bahar atey hi,

Wo saara khel samajh gaya!

कोई न कोई झूट बोलकर,
हर सामान बेच रहा है,
सुना है इस बाज़ार में,
हर कोई ईमान बेच रहा है!

ना और दौलत,
ना और शोहरत की जरुरत है,
इस दुनिया को अब शायद,
मोहब्बत की जरुरत है!

Koi na koi jhoot bolkar,

Har samaan bech raha hai,

Suna hai is bazaar me,

Har koi imaan bech raha hai !

Naa aur daulat,

Naa aur shohrat ki jarurat hai,

Is duniya ko ab shayad,

Mohabbat ki jarurat hai!

सारे खिलौनों के मिलने के बाद,
अफ़सोस, हम बच्चे नहीं रह जाते!

Saare khilauno ke milne ke baad,

Afsos, hum bacche nahi reh jaate!

महंगी हो गयी अमूमन हर चीज़,
दिल बेचारा मेरा सस्ता ही रहा,
मेरे हालात थे या कोई मजाक,
देखने वाला बस हस्ता ही रहा!

देखिए लोग इश्क़ में,
ना जाने क्या क्या किया करते है,
जो याद भी नहीं करता,
उसके लिए दुआ किया करते है!

Mehengi ho gayi amuman har cheez,
Dil bechaara mera sasta hi raha,
Mere halaat they ya koi mazak,
Dekhne wala bas hasta hi raha!

Dekhiye log ishq me,
Naa jaane kya kya kiya karte hai,
Jo yaad bhi nahi karta,
Uske liye dua kiya karte hai!

यूँ लगा की जैसे पहली बार हो,
कोई झूट सुनने उसका,
दिल फिर ठहर गया!

Yun laga ki jaise pehli baar ho,

Koi jhut sunne uska,

Dil phir thehar gaya !

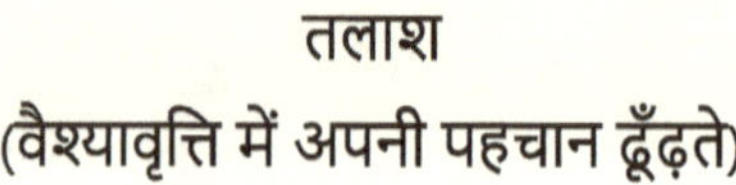

तलाश
(वैश्यावृत्ति में अपनी पहचान ढूँढ़ते)

वो इज्जत मोहब्बत का फ़साना किससे कहे,
जिसका घर हो कर भी कहीं ठिकाना ना रहे!

अपने ही सपनो पर पहरे लगाते है,
पेट के लिए कितने चेहरे लगाते है!

बस दूर से ही देखती हूँ मैं किताबों को,
गरीबी अकेलेपन में जलते हुए ख्वाबो को!

TALAASH

(In search of their identity in prostitution)

Wo ijjat mohabbat ka phasana kisse kahe,

Jiska ghar ho kar bhi thikana na rahe!

Apne hi sapno par pehre lagaate hai,

Pet ke liye kitne chehre lagate hai!

Bas dur se hi dekhti hu mai kitaabo ko,

Gareebi akelepan mein jalte hue khwabon ko!

लिपस्टिक अपने होटों पर लगाती हूँ,
खुद को दूसरो के लिए क्यों सजाती हूँ!

लोगो की नज़रे अपनेपन का सुकून लाए,
काश कोई अदालत ऐसा भी कानून लाए!

Lipstick apne hoton par lagaati hu,

Khud ko dusro ke liye,

Kyun sajaati hu!

Logo ki nazre apnepan ka sukoon laye,

Kaash koi adalat aisa bhi kanun laye!

मेरे शरीर से बहोत हुआ,
अब रूह से पहचान चाहिए,
मुझे हाथो में पैसा नहीं,
आँखों में सम्मान चाहिए!

Mere shareer se bahot hua,

Ab ruh se pehchaan chahiye,

Mujhe hatho me paisa nahi,

Ankhon me sammaan chahiye!

बड़े होने का सिलसिला देखिए,
की अब कोई बच्चा कहे तो,
अच्छा लगता है!

Bade hone ka silsila dekhiye,

Ki ab koi baccha kahe to,

Accha lagta hai!